目次

はじめに

図書館におけるビジネス支援サービスの
実態

図書館では利用者の方々に図書館をより活用していただくために、または図書館をより活用しやすくするために、数々の試みがなされています。「ビジネス支援」サービスもその主要な一つでしょう。インターネットで「図書館　ビジネス支援」などのキーワードで検索すると、その方法論を解説するページと多数の図書館の事例を紹介するページがずらりと並びます。

　その中の多くは公共図書館の取り組み事例です。当たり前のことですが、公共図書館には、多種多様な目的でさまざまな人々が来館します。一口に「ビジネス支援」と言っても、利用者が抱えている悩みや課題は本当にさまざまです。多くの公共図書館では、その需要に応えるべく、幅広いテーマを「ビジネス支援」のコーナーの中に収め、パス・ファインダーも利用者が使いやすいように細かなテーマごとに作るなどして用意しているようです。

　各種のオンライン・データベースも広範なテーマのどこかに合致しそうなものを複数利用できるようにして、ビジネス支援コーナーに置いていたりもします。公共図書館においては、多種多様な方々の多岐にわたるビジネス・ニーズに、一般的なビジネスパーソンの中では比較的日常の中でビジネスについて考える機会が少なめの司書の方々が向き合い、どう支援の形を作り上げるかというところに、苦労のポイントがあると考えられます。

　ビジネス支援という形であまり意識されていないかもしれませんが、学校図書館においてもビジネス支援サービスは存在します。正確には、そのように意識されていないままに、通常の資料収集やレファレンスの活動の中に包含されているといった方が良いかもしれません。

　主な分野は「進路指導支援」です。村上龍の『13歳のハローワーク』という本や、「ニート」という言葉を日本に広めたことでも有名な玄田有史の『14歳からの仕事道』など、著名な書籍はたくさんあり、小学校から中学校ではどちらかというと、働くことの意義や働くことを人生の中でどのようにとらえるべきかと言ったテーマが重要になっていると考えられます。

　高校からは、具体的な業種や職種に関わる知識や、就職方法に関する知識、そして、それ以前に、社会人になるということ自体に関する知識や考え方も求められ始めます。今では僅かとなっていますが、中学校を卒業するとそのまま働き始める若者もいますので、中学校図書館でも、そのような対応がある程度できる体制が望ましいのは言うまでもありません。

　高校の場合は職業分野ごとの専門校もあります。商業高校や工業高校など名称からそのまま専門性がわかる高校もありますが、一般的な高校の中に、グローバル・ビジネス科や家政科など職業分野ごとの専門性のある学科が設置されているケースもあります。そのような場合は、単に進路指導という観点の「ビジネス支援」に加えて、その職業分野の知識やその業界内で問題となっている事柄などについての情報を提供することも必要となり、公共図書館の行なうビジネス支援サービスの広範さにだいぶ近づいてきます。

　専門学校や高等専門学校も同様と考えられます。学校が教育する専門分野に関わる専門性の高い情報はもちろん、その分野で就職する際の就職先企業の業種・業態なども重要でしょうし、一方で（一般の進路指導の枠を超えて）技術者や専門家、プロとしてのキャリア構築の切り口なども情報ニーズが高まるものと思われます。

　短大や大学の図書館になると、ビジネス支援のジャンルは逆に範囲が狭まります。専門性の高い学究分野の情報は、既にビジネスではなく研究テーマの扱いになっているので、ビジネス支援の枠には収まらなくなってしまいます。むしろ、大きな方針としては、「社会を知る」ことに機軸を置きつつ、全世界でも珍しい「新卒一括採用」、いわゆる「就活」対策が大学図書館における学生利用者に対するビジネス支援サービスの主要なテーマになるように思われます。

　就活には、就活ビジネスなる業種・業界もあるぐらいで、それを推し進め

る企業群が存在します。その企業群が定番として提示している就活の流れができあがっており、その要素には、業界研究、企業研究、自己分析などが含まれます。それらに関する情報に加えて、内定獲得のために、試験対策や面接対策など各種の情報を学生たちは（四年制大学の場合）三年生のうちから求め始めます。

　実態として、学生たち一人ひとりにとっては、卒論などよりも就活をこなすことの方が大学在学中に行なう最大プロジェクトであるかもしれません。大学の就職課やキャリア・センターなどにも各種の「就活情報」が、企業から寄せられた求人票群などを中心に蓄積されていますが、業界研究や企業研究、そして、各種の試験対策などの情報は、就職課やキャリア・センターだけで揃えるのは困難ですし、広く社会のことが分かっていなくては十分な答えが出ない分野です。これが先程述べた「社会を知る」ニーズに応える情報提供の意味です。

　大学図書館では、大学の教授陣による研究をサポートするのが大きな役割として認識されがちです。それはもちろんその通りですが、学生たちも授業の課題のレポート書きを目的として図書館を利用することも多いでしょう。その中にはビジネスをテーマとした何かの論文やレポートを書くために、ビジネス系の情報を収集することもあるかと思います。しかし、それは学術研究の一環であって、ビジネス支援サービスではありません。大学図書館におけるビジネス支援サービスは、特に大多数の学生たちに対して、社会へ羽ばたくのに必要な情報を提供するところに大きな比重が置かれていると考えるべきでしょう。

　また、大学図書館には、教授陣向けのビジネス支援サービスも僅かですが存在します。それは研究結果を活かした何かのビジネスを立ち上げるという場面に対して、何らかの情報サポートをすることです。いわゆるベンチャー企業の立上げのような、小さなビジネスの立上げの場面を指しています。その企業の新商品や新サービスが売れるものであるのか否かは、緻密なリサー

チを経て初めて判断できることです。高度で専門性が高い資料を用意しなければならない割に、発生頻度はそれなりに低いため、そのニーズにどの程度大学図書館が対応しようとするかはケース・バイ・ケースで判断すべきでしょう。

　専門図書館は元々専門テーマに基づき設立されており、ビジネスの分野においても各種の業種業界の団体が設立しているケースが多くあります。そしてもちろん、企業の中に専門図書館があるケースや、充実した社内資料室のような立場で存在していることもあります。そのような場合は、本来の設立目的そのものがビジネス支援サービスの提供と考えられますので、冒頭で述べたような、公共図書館における多種多様な人々のさまざまな情報ニーズに対応するビジネス支援サービスとは全く状況が異なります。

　本書では、学校図書館における進路指導に関わるビジネス支援サービスも視野に入れつつ、公共図書館での多種多様な利用者が求める多種多様なビジネス情報に対応する場面を中心に、望ましい方法論やそれを実現する考え方などを紹介していきます。その前提として、司書の方々が日常的に、ビジネスについて考える機会が比較的多くはないということを踏まえ、分かりやすくお話を進めていきたいと考えています。

第1章
図書館におけるビジネス支援の情報分野

図書館におけるビジネス支援サービスを考えるにあたり、広範な支援すべきビジネスの分野を大雑把に分類してみることとします。経営学、経営コンサルティングなどの領域でよく使われ、「モレなく、ダブリなく」を意味する考え方である MECE（ミーシー）の原則をきちんと守っていない部分もありますが、目安にはなるかと思います。全部で下記の三つです。

(1) 個人的就労観の分野
(2) 独立と起業の分野
(3) 企業経営の分野

　本項では、これら三つの分野それぞれにおいて、ビジネス支援サービスの観点で求められるであろうテーマを挙げていきます。

(1) 個人的就労観の分野

　「個人的就労観」は、この本においての表現であり、特に一般的な言葉ではありません。しかしながら、個人の働き方に関する考え方や、ライフスタイルに合わせた就労などの分野まで大雑把に括れるものと考えます。

　転職をしようと考えた人がいるとします。大きな視点ではキャリア形成を改めて考えてみたいということもあるでしょう。それ以上に、何か成功者と呼ばれる人々（歴史上高名な実業家のようなこともあるでしょうし、スポーツ選手やアーティスト、芸能人であることもあると思います）の成功哲学を知って参考にしたいと思うかもしれません。それ以前に、自分の給料のレベルや労働条件の妥当性を知って、今後働く会社ではより良くしようと思うかもしれません。

　さらに、転職方法の善し悪しも調べたくなるかもしれません。インターネットにも情報は氾濫していますし、ハローワークでも求人情報はたくさんあります。人材紹介と人材派遣も何が違うのか分からない……ということもあるかもしれません。

　そして、最近のワーク・ライフ・バランスの考え方を知りたいとか、介護や育児と両立した働き方について転職を機に考えてみたいと思うかもしれません。こうした事柄はすべてこの「個人的就労観」のジャンルです。

　上記は転職を考え始めた人を材料にして考えてみましたが、先述の学校図書館のケースのように、もっと初歩的な部分から仕事とは何かを考える材料や、実践的な就職活動に関わる情報が求められているかもしれません。それもこの「個人的就労観」の分野に包含されます。

　具体的に、インターネット上に紹介されている公共図書館のビジネス支援

サービスのテーマの中から、このジャンルのものを抽出してみましょう。

○業種業界情報：

　学校図書館の就職活動支援のケースを中心として、公共図書館でも業種業界を理解するための情報は求められることがあるでしょう。もちろん、それらの情報は取引先を評価したりする際にも用いられますので、個人が就職する場面だけで必要とされるものではありません。いわゆる経営者や個人事業主向けの「業務用」としてのニーズは後述する別ジャンルに分類します。

　働き手として、その業種業界に従事する可能性が前提にあっての情報源として考えると、資料収集やレファレンスの際などにも判断の一つの基準になると思います。

○資格／スキル：

　社会が多様化し複雑化するにつれて、たくさんの資格が登場し、その難易度やどの程度「食べられるか」などに関わる情報が氾濫しています。単に食べていくための手段としてだけではなく、高齢の方々が、何らかの社会貢献の場を求めつつ、知的刺激を得るために資格を取得しようとするケースもあります。

　取得の難易度は、単に試験の難易度だけではなく、地方では受験が極めて困難であるとか、実務経験が問われるものであるとか、色々な要素が絡んでいますので、細かな情報提供が求められる分野です。

　利用者の方々もその点は分かっているものと思いますが、資格取得の学習は、専門の参考書などが多数出版されていますし（余程特定の資格を受験する方が利用者に多いというような環境でなければ）、公共図書館で対応できる範囲には限界があります。資格に関わる情報のポイントは、受験前にどの資格を取得すべきか、自分自身で評価し選定する段階で求められる情報の方が図書館にあるべきでしょう。

　他にも資格という形になっていないビジネス上のスキルも定番のものがいくつかあります。電話応対からメールの文章作成、さらに冠婚葬祭のマナーなど各種のビジネス・マナーもその代表例の一つです。それ以外にも話し方

やプレゼン術など、（一部、あまり知られていない資格になっているものも含めて）各種のビジネス・スキルが存在します。

○就職／転職：

この項の冒頭で述べたような働く上での「転機」に特に発生しやすい情報ニーズ分野です。先述の業種業界などの情報と組み合わせて、求人そのものの探し方や、履歴書作成や面接対応など就職活動全般に関わる情報提供も大事です。

○女性と仕事：

女性の働きやすい環境づくりが、社会的に重要な課題として認識されるようになりました。それに伴い家庭の中での役割と、職場での役割の両立について考えたり悩んだりする人も増えていると考えられます。

女性にとっての働くことのありかた、出産や子育てとキャリア形成の組み合わせ以外にも、職場での女性の役割や待遇などについても、その本人が考えたり解決するにあたって必要な情報群がこのテーマに含まれることになります。

何らかの公的支援や、地域におけるサポート情報についてのパス・ファインダーを提供する役割も求められている分野だろうと思われます。

○ハラスメント／メンタル・ヘルス：

働く中で精神的な不調を訴える人が増えています。ワーク・ライフ・バランスが社会的に強く叫ばれるようになったのも、精神的に追い詰められて命を落とした方々の幾つかのケースがきっかけとなっていました。

単純な労働時間の長さによってうつが増加するのではなく、パワー・ハラスメントやモラル・ハラスメント、セクシャル・ハラスメントなどの各種の職場で発生する問題が長時間労働で逃げ場のない問題として大きな存在となって行き、精神的なダメージの蓄積につながって行くのだと言われています。

うつと疑われる状態になり、自己診断をしたりするようなケースもあるで

しょうが、基本的には発生している段階で、自身で問題の解決を図ろうとする利用者が情報を求める場合がこのテーマでは多いものと思います。つまり、通常の情報提供サービスはもちろん、地域で実現しうる何らかの専門的な解決法へのパス・ファインダーとなるような情報提供が求められるでしょう。さらに一歩踏み込んで、専門家などによるパネルディスカッションや講演などを企画することも地域の人々のための図書館としての役割を果たす上で重要だと考えられます。

〇セカンド・ライフ／年金：

東名阪以外の人口減少が急激に進む地域ではもちろんのこと、もう首都圏でも高齢化は明らかに進みつつあります。会社員生活を引退した後や、自営業を辞めた後に何をして暮らすかという生活プランも、純粋に「ビジネス」とは言えませんが、「個人的就労観」の分野内に含まれています。

趣味に生きるよりも、半分ボランティアのような収益非重視のマイクロ・ビジネスを立ち上げる方もたくさんいるようです。マイクロ・ビジネスの立上げについての詳細は次に紹介する「独立と起業の分野」に譲りますが、いわゆるセカンド・ライフをどのように充実させるかという論点からの情報提供を行なうことが重要であろうと思われます。

老後の生活資金が年金以外に 2000 万円必要という噂が広く流れて問題となったこともありますが、金銭的な不安や子供などの親族との生活のありかたなど、「稼ぎ手」・「働き手」だった段階からの生活の再構築には、本人にとって色々な迷いや悩みが潜んでいます。

〇自己啓発：

この項の冒頭で述べた「成功者の人生哲学」的なジャンルは、書店のビジネス書売場の中で最も棚面積を占めているように思います。先述の女性の働き方や老後の生活の仕方などの分野と被っている内容も含めて、非常に人気の高いジャンルです。

ただ、ビジネス書の一ジャンルとして多数の書籍が次々に出ては"消費"されるため、スティーブン・R・コヴィーの『7つの習慣』やロバート・キ

ヨサキの『金持ち父さん貧乏父さん　アメリカの金持ちが教えてくれるお金の哲学』などのロングセラーは非常にまれです。利用者の方も、どちらかというと、誰かの哲学に傾倒しようということではなく、次から次へと "消費" する中で、まるで、その週の占いをテレビ番組で見るぐらいのノリで、人生のご託宣を得ようとしているケースも少なくありません。

　このジャンルには（たとえば、記憶術とか速読術などのような）仕事術や、最近ではビットコインをはじめとした仮想通貨も含んだ財テク（財務テクノロジー）などの各種の情報も含まれていますが、「成功哲学」以上にどんどん "消費" されていっているとみるべきでしょう。

　そのような情報の移り変わりの速さから、資料収集やレファレンスの対応が難しい分野であるように思います。

〇語学：

　前の「自己啓発」の中で「記憶術」や「速読術」にも言及しましたので、本来「語学」も、個人がスキルとして学ぶという観点から「自己啓発」や、また「資格」のジャンルのいずれかに含まれるべきです。しかし、学校教育に採用されていることや、元々の日本人の語学教育熱も相まって、書籍などの資料の量で見ると、これだけで十分に一つのジャンルになっているように思います。

　今後、AI の発達により、自動通訳や自動翻訳がどんどん社会に普及しますので、受験勉強の科目としての語学や、異文化・異言語観を学ぶ教養としての語学などに、それら AI の技術がじりじりと浸透していくものと考えられますが、語学をどう学ぶかのみならず、どう向き合うかとか、どう使いこなすかなどのさまざまな切り口で、多様な人々が情報発信していて、ビジネス支援全体の分野の中でも玉石混交が最も際立っているジャンルです。その上、利用者のその時点での語学レベルによっても求める情報の質が大きく変わります。選書の際には、利用者全般でどのような種類のニーズがあるのかをきちんと把握することが大切でしょうし、レファレンス対応の際には、非常に細かな状況分析が必要になるかもしれません。

　また、地域に暮らす外国人が増えてきたことで、日本語そのものが「語学」

の対象となっていることもあります。特定の国からの外国人が多く暮らすような地域の公共図書館では、それらの人々が母国語から日本語を学習する際に必要とする情報等を見極めることが、たとえば棚作りの段階から必要になる可能性があります。

(2) 独立と起業の分野

　独立と言えば、個人がするものですから、普通に考えると先述の「個人的就労観」と同じ分野に考えられます。「個人的就労観」の中の説明にも、こちらの分野と共通する部分を言及していますのでそのような面が少なからずあるでしょう。

　一方で、三つ目の分野は「企業経営の分野」ですが、独立して起業すれば会社同様の事業者になるのですから、その事業の進め方は「企業経営の分野」の範疇として考えられそうにも思います。しかし、この「独立と起業の分野」をまさに独立させて設けておく意義があるのです。

　まず個人の就労観との隔たりを見てみましょう。「個人的就労観」を考える時、就活に臨む学生なら、アルバイト経験などはあるかもしれませんが、基本的にフルタイムで雇われるという経験をしていることは少ないものと思います。実際に働いている人が転職を考えるにせよ、現在の職場環境と、そこでのパワハラなどの問題を考えるにせよ、その人物は雇われていて組織の中の人です。

　しかし、独立すると、そのような組織はなくなり、仮に人を雇っていず、自分一人で仕事をするフリーランス状態になったとしても、世の中の多くの会社と同じ実質的な「事業者」になります。世の中を見ると、学校を卒業していきなり「事業者」になる人ももちろんいますが、大多数は一度会社に雇われる立場を経て "独立" をします。すると、組織の中で雇用されている立場と、小さくても自分自身がその "組織" になる立場との激変を体験することになります。この違いが大きいが故に、この分野は独立して設けられるべきなのです。

　また、独立する方法にもたくさんあります。店を開きたいというケースと

インターネットで何かを売りたいというのは、一見、モノを売るので同じように見えますが、全く異なる努力を要します。さらに、たとえば何かの資格を活かしてフリーランスとして、自宅を事務所として働き始めるのも、全く形態が違います。また、人によっては、今までの会社に勤めて似たような仕事を続けながら、雇用だけは契約を解除して、業務委託や業務請負のようになったり、定年退職を機に元々在籍した会社の顧問や嘱託社員になったりすることで "独立" を果たす人もいます。

このように、単純な「個人的就労観」とは異なる、組織の後ろ盾なく個人が働いていくことの特殊性から発露するテーマが多く存在します。さらに、自分自身が組織となって稼いでいかなくてはならないのですから、その情報需要は切実です。雇われていて転職を考える際に、1ヶ月遅くなっても大きな問題となることは滅多にありませんが、開業に使う事務所の選択を1日遅らせるだけで大損害…といったことは十分考えられます。求められている情報の重要度やスピードの感覚が、かなり違うことがお分かりいただけるものと思います。

先程述べたように、独立した方々も事業を始める訳ですし、仮に誰か社員を雇ったりしなくても、自分自身が "事業体" ですから、企業経営の考え方は活かせますし必要です。しかし、この「独立と起業の分野」は、三つ目の分野である「企業経営の分野」とは明らかに情報需要が異なります。

「独立と起業の分野」と比較分析するため、次の「企業経営の分野」の内容を少々先取りして考えてみましょう。ビジネス書が書店には多数並んでいます。ビジネス情報誌も多数発売されています。これらの情報のネタになっている企業はどのような企業でしょうか。それは大手企業です。非常に大雑把な計算をしてみましょう。国内に株式を公開している企業は3000社から4000社あると考えられます（地域の公開市場もあるので、ここでは大雑把な感覚的な数字で議論をします）。これに対して、合同会社・合名会社・合資会社・特例有限会社（2006年の会社法改正以降も存続した状態の有限会

社のことです）・株式会社の合計数は 300 万から 400 万程度あると考えられます。

　実際にはこれらの会社群の中に全く活動をしていないペーパーカンパニーが存在するなど色々な形がありますが、細かな話は置いておいて、大雑把に、4000 対 400 万という数のバランスを考えてみてください。株式を公開している企業は 0.1% であることが分かります。ほとんどのビジネス書やビジネス誌に情報を提供しているのはこれらの 0.1% 側の企業群です。なぜなら、これらの企業群は常に外部に対して情報発信を行なわなければならないからです。

　株式を公開している企業は、その株を持っている人が一般社会の中のどこにいるか分かりません。厳密に言うと、定期的に把握していますが、基本的に、今窓の外を歩いている人が株主であるかもしれないし、先程自社に乳酸菌飲料を販売に来た女性が株主である可能性もあるという状態で事業を行なっています。株主は会社の持ち主です。持ち主が世間一般のどこにいるか分からない以上、常に自社の経営状態を外に知らしめておく必要があります。さらに世間一般の人々に自社のことを好く思ってもらえれば、自社の株を欲しがる人は増え、株価も上がります。ですので、自社の良い情報を常に発信し続ける必要が生まれるのです。

　発信された情報を知ることは誰でもできますから、そのような情報を材料にして編集することで書籍も雑誌記事も書きやすいことになります。現在ではだいぶ数が少なくなりましたが、一部上場企業の広報室には各主要新聞社の担当記者が張り付いていて、その会社が発信する情報をいち早く“もらい受ける”ような体制があった時代もあるのです。現在の政府官邸の記者クラブのようなものが、各企業にまであった時代ということです。

　これに対して、それ以外の 99.9% 側の方の企業群は株式を公開していませんから、世間のどこにいるか分からない株の持ち主に情報を発信し続けた

り、お客様でもない人々に強い好感を持ってもらったりする必要があまりありません。ですから、余計なことに労力を使わないので、必要最低限の情報発信を行なうだけになっていきます。SNSの時代になり、情報公開が広く叫ばれる風潮になって、こうした中堅企業、中小企業、零細企業などの情報も最低限度で外部に発信されることが当たり前になりつつありますが、原理的な構図は変わらないのです。

　一般論で言うと、株式を公開している会社は規模が大きく、1000人以上の従業員を抱えて全国に何か所も事務所や工場や倉庫があったりします。世界に進出してグローバル企業になっている会社もたくさんあります。そのような企業の経営論が、退職金を使って家の近くの商店街にカフェを開こうとしている高齢の元会社員に役に立つでしょうか。結論から言うと、ほとんど役に立ちません。事業者一人というケースも含めて、小さな組織には小さな組織なりの事業の進め方があります。まして、社員も雇っていないようなケースでは、雇用に関わる諸問題を考える必要もありませんし、貰う金額も払う金額も身の丈である以上、会計だって自分でできるレベルの複雑さで済むケースがほとんどです。

　これが、この『独立と起業の分野』を他の二つの分野から切り離して設けておく理由です。具体的なテーマを見てみましょう。

○独立／脱サラ：
　当たり前ですが、元々会社に勤めていて、退職とほぼ同時、または少々してから独立して、自分の事業を始める人が多数派なので、会社を辞めることそのものの手続きについての情報から始まり、被雇用者から立場が変わることについての情報が求められることが多いでしょう。
　必ずしも他人がやっている業種・業界をまねて独立するのは良いことではないかもしれませんが、現実には「お店をやりたい」人は多く、開くなら「カフェ」や「バル」という人は非常に多くいます。ですので、独立起業におけるトレンドもこのテーマの中に含めて考えた方が良いでしょう。

　また、先述のような独立起業の形態に関わる情報もこのテーマに含めて良いと思います。たとえば、会社組織は作るべきか、それとも個人事業主のままでも問題ないか…など、起業の形態の選択は、その後の事業の進め方にも大きな影響を及ぼす問題です。

○税金／保険：

　被雇用者ですと税金の支払も社会保険、公的年金の支払も会社が代行してくれていましたが、独立すると（自分で会社を立ち上げて、会社の中で誰か別の社員などが処理してくれるのでなければ）自分でそれらの手続きを行なわなければならなくなります。

　それ以外にも、独立すると金融機関からの信用が得られにくくなり、クレジットカードが作りづらくなるなど、金銭面での変化が色々と起こります。そういった変化とその手続き、さらにその変化への対応策などは、非常に需要の大きい情報分野です。

○起業準備：

　既出の二つのテーマと被っていますが、起業の形態ごとに、準備のステップが異なります。飲食店だと物件をまず決めることも大事ですし、営業許可を取ることも大事ですし、メニューも内装も決めねばなりません。何らかの販売促進をしないと、お客さんが誰も来てくれないかもしれません。

　それがたとえばカメラマンとして独立するというのであれば、かなり話が異なります。許可も要りませんし、不動産契約も要りません。そのような業種・職種ごとの独立起業の仕方の情報は、書籍においてもかなり細分されて出版されています。

　業種によっては、多くの許可を必要としたり、各種の手続きが必要となったりします。それもこのテーマに含まれる内容ですが、実際にはそれらの手続きを代行してくれる行政書士や司法書士など、サービスへのパス・ファインダー的な機能を揃えるだけでもビジネス支援サービスと言えるでしょう。

○集客方法：

　独立開業してすぐに問題となるのは、「稼ぐこと」です。お金が入って来なくてはすぐに事業は干上がり、すべて終わってしまいます。独立起業者の半分は資金が尽きて一年以内に廃業してしまうとか、いやその割合はもっと高いとか、色々と言われていますが、独立起業者にとって最大の問題は集客して稼ぐことであることに間違いありません。

　時代の変化とともに、「ブログで集客…」、「インスタで大繁盛…」と言った具体的な方法を説く書籍は非常に多く出版されては消えていきます。今は当たり前に考えられても、数年後には誰も見向きもしないような手法はたくさんあります。そのような中で、本来お客様の満足度を上げるとか、人間関係を大事にするなどの根源的な手法は生き続けているはずで、そのような切り口の書籍や、零細企業者が事業を営んで行くための心得を説いているような書籍もあるにはあります。

　そのような広がりを意識しつつ、このテーマの情報を用意した方が良いものと思います。

○商標／特許：

　ここまでに紹介した 4 つのテーマに比べて少々需要が少ないかもしれませんが、独立起業に際して、自社の社名やロゴデザインを考えるという場面もあります。法律の改正で会社名は類似のものを気にせず取得できるようになりましたが、その結果自由度も上がって、悩みが深くなったとも言えます。

　また、特許は既に自分が持っている、ないしは持つ予定のものを基に事業を起こそうとする人もいますので、一応このテーマの中に含めました。既存の特許については、公開データベースが存在しますが、自身がこれから取得する特許の手続きや、その後の扱いなどを考えていくための情報が特に求められる可能性があります。

○就農／Uターン：

　これは「個人的就労観」と被る部分が多いテーマですが、農村などの人口減少に悩んでいる地域では、Uターンや J ターン・I ターン移住者を募って、

農業で起業してもらうという施策を取っている所があります。もちろん、農業と関わりなく単に移住者を募り、結婚相手の募集をするような企画を行なっている地域もあることと思います。それらの地域の行政活動の情報と、そのような活動をどのように実践していくのかなどの情報が、地域の公共図書館として求められているケースはあると思います。

　どちらかというと紙媒体の資料よりも、行政と連携した説明会や動画提供などのサービス面が求められるのかもしれません。

○小規模事業者支援サービス：

　小規模の事業者に対しては、大手企業に対するものとは別枠で多くの助成金提供や低利融資枠の用意、減税・免税措置がなされています。先程の「集客方法」のテーマにあるような、売上が立たない状態が続くと、公的な助成を受けてでも何かの立て直しを図る必要が出てきます。行政機関などで各種の施策が整っていたり、相談窓口も用意されていることが多いと思いますので、チラシなどの関係資料を準備して公的サービスなどへ誘導するような情報提供を行なうのが良いと思われます。

○各種統計：

　主に地域市場に関わる統計情報などがこのジャンルに入ります。起業する際に、どれぐらいその地域にお客様がいそうか、今後どのような人が増えそうかとか減りそうかといったような市場規模を想定することは非常に重要です。地元の小規模ビジネスの計画を考える上で、必須の情報と言ってよいでしょう。

　政府の統計局のデータなど、インターネット上に公開されているものが多数ありますので、書籍の形より、検索用端末を用意して、情報活用を支援する形で対応するのが良いでしょう。また、紙のデータでは、地域の主要道路や商店街などの通行量調査、地域の開発計画などに関わる調査報告書や、地域の主要産業分野に関わる白書などもあります。この類の情報は、常として媒体が多様に存在しますので、トータルの情報提供や活用支援の際に留意が必要です。

(3) 企業経営の分野

　既に上の項で先取りして説明しましたが、大手企業型の経営に関わる分野です。公共図書館での情報を提供する際には、書店で「ビジネス書」と一般的に呼ばれる分野全体から、「個人的就労観の分野」と「独立と起業の分野」を除いたものが、概ねこの「企業経営の分野」になると思います。

　実は、インターネットに公開された情報を見る限り、公共図書館ではこの分野を「ビジネス支援サービス」のコーナーとして分離していないこともしばしばあるようです。考えてみると当たり前のことですが、ビジネス支援サービスに該当するものの、資料のほとんどはいわゆる「一般的なビジネス書」やビジネス誌、ビジネス系新聞、幾つかの業界紙誌ということだと思いますので、「ビジネス支援」のコーナーに含めず、通常の書籍の配架として扱っているのだと考えられます。

　この分野の書籍情報は、基本的には日常生活の中で発生する個人の強いニーズとの結びつきは弱いと考えられます。どちらかと言えば、大手企業の経営論や大手企業の経営状態に関わるテーマですので、大手企業に勤めていれば、それを学びたいと考えることはあるかもしれませんが、それであれば、該当書籍を自ら購入するケースが多いでしょう。

　あとは学問としての経営や学術的な教養として学びたい人、株式に投資をしていて株価の動向やその背景にある世界経済の趨勢を知っておきたいという人もいるかもしれません。しかし、非常に大雑把に捉えると、「個人的就労観の分野」と「独立と起業の分野」の両分野に比べて、利用者からの情報ニーズの切実度合いが強くないように思われます。そうしたことも、「ビジネス支援サービス」として、この分野があまり意識されていない理由の一つと言えそうです。むしろ一般的な選書やレファレンス対応の範疇で考えて良い分野であるように思えます。

書店におけるこの分野の情報をざっと見渡してみましょう。

○経済：

経営学を学んだことがある方ならご存じだと思いますが、実は経営学という学問は純粋には存在していません。かなり大胆に言ってしまうと、経済学や心理学、社会学の各種の学説を企業や経営の場面に取り込んで、"加工"して創り上げられているのが経営学の原理です。

ですので、経営が行なわれている背景に経済環境があるという以上に、経済や経済学に関わる知識は経営の理解、特に大手企業型の経営の理解には重要だと考えられています。具体的には、「ビジネス経済」、「日本経済」、「国際経済」、「経済学」などの分野に大別されていることが多いようです。

○経営：

大元の分野が「経営」なのですからサブジャンルの名前が「経営」というのもおかしく感じられますが、大手企業の経営方針や意志決定の方法論などのようなテーマ、さらにそれに関わる法律などが含まれています。たとえば、最近話題のコンプライアンスとかガバナンスなどのテーマ、または、さらに新しい所では、SDGs（持続可能な開発目標）などもここのテーマとして含まれることでしょう。

また、特定企業の歴史と結び付けられる形で有名経営者の経営哲学などもこの分野に含まれています。具体的には「企業経営全般」・「国際経営」・「経営関連法律」・「業界史・企業史」などが挙げられます。

他にも「相続と事業承継」なども企業内でよく直面するテーマなため、真剣に検討されることが多いです。

○経営分野：

企業全体のことではなく、企業の機能別のテーマを扱うジャンルです。このジャンルがいちばん「ビジネス書」でもイメージしやすいかもしれません。具体的に見てみましょう。「会計・経理」、「人事・労務」、「情報管理」、「IT活用」、

「営業」、「マーケティング」などがあります。

　この各々の中から書店によっては、たとえば「人事・労務」を「人事」、「採用」、「育成」、「モチベーション」などに分けている場合もあるなど、先に挙げた分類よりも細分化が進んでいるケースが多いでしょう。企業活動に用いられる各種のデザインとその成果物の管理を「デザイン」などのテーマでまとめているケースもあります。

○業種別経営：

　先述の「経営分野」に対して、業種業界別でテーマ設定をしているケースも、書店のビジネス書売場では存在します。人口集積地の書店を軸に考えると利用者の目に触れる業界の方が、当然注目されやすいのだと思いますが、「小売業」や「接客業」、「飲食店」、「ホテル」、「フランチャイズ」などの切り口でまとめられているケースもあります。

第2章
図書館におけるビジネス支援の
サービス形式

ビジネス支援のサービスを受けるであろう利用者には、さまざまな人とさまざまなニーズが想定されます。特に公共図書館ではそのような事態が日常の中にあると思います。ビジネス支援サービスを図書館で提供する場合、そのサービスの提供形式もまた多種多様です。

　もちろん、図書館において所蔵されているメディアが書籍だけではないことは、周知の事実です。ビジネス支援コーナーの専用棚に置かれている資料だけでも、書籍も各種あるでしょうし、雑誌・新聞形態のものもあれば、各種の白書やレポート、報告書のような形態のものもあるでしょう。紙媒体以外でも、音声や動画などのメディアでの資料もあると思います。最近はYouTube などの動画配信サイトの普及で、動画による伝達が以前に比べて非常に身近になりました。ビジネス支援コーナーの中でも、そのような多様なメディアの用意が、より求められるようになることでしょう。

　他にも外部の関係団体や官庁の情報を提供しているコーナーなども必要でしょう。地域情報のチラシやパンフレットのラックや平棚を設けている図書館もよく見かけます。

　さらにこうした現物のメディア情報だけではなく、専用端末によるデータベースの用意や、タブレットなどを貸出して、インターネット上の情報を広く使ってもらうようにする必要もあります。資料提供の形だけでも、多様な手法があり、その各々でどのようなことができるかを図書館側は把握しておかねばなりません。

　そのための最適な手法が、パス・ファインダー作成でしょう。目的別に紙に印刷した形式のものが代表的で、配布している図書館をよく見かけます。しかし、残念ながら、公共図書館におけるビジネス支援サービスは、非常に広範なニーズに応えなければならないので、パス・ファインダーが利用者の要望にピタリとあてはまることは少ないように思われます。むしろ、そのようなパス・ファインダーも含めて、図書館司書の方が各種のニーズに対応し

た情報探索を行なえるように"訓練"しておくことの方が重要に思えます。

　ビジネス支援のレファレンス・サービス専門担当の司書を配置できる図書館は限られているのかもしれませんが、さまざまなニーズに対応する多種多様な資料情報の組み合わせや活用方法は、結局、その利用者との会話などのやり取りの中で見いだされるように思えます。

　ビジネス支援サービスは単に情報資料の活用を行なうだけではもったいないです。それを利用するための場所や「場」の提供も重要な要素です。たとえば、コピーサービスはもちろん、ICT（情報通信技術）環境も整ったキャレル席の用意や、予約制の会議室の用意なども望ましいサービスの一環です。スキャン・データの持ち出しや送信も、著作権の取り扱い上の問題にならない範囲で、可能な限り実現すると良いでしょう。

　ビジネスの場所を個人や個別団体に貸し出すだけではなく、さらに一歩進んで、各種の相談会や交流会を開催しているケースもあります。児童に向けて読み聞かせのイベントを行なっているのと同じ発想で、ビジネス支援のさまざまな企画をイベントとして実現し、それを必要とする人が集い学び、交流する「場」を地域の公共図書館が提供できるように、ビジネス支援サービスを発展させていけばよいでしょう。

　イベントのテーマ設定は、実践的なビジネスに接する機会が比較的少ない司書の方々には縁遠く感じられ、なかなか考案しづらいことも多いことと思います。市役所・町村役場や地域の商工会議所や商工会、さらに信用金庫や信用組合など、ビジネスを支援し産業を振興する立場の各種機関や団体などが行なっている活動の最近のテーマなどに着目するのが、企画立案の一つの切り口だろうと思えます。それらに関心を寄せ、さらに臆することなくその機関や団体の担当者に連絡し、最近の活動のテーマやそのテーマが採用された背景を教えてもらうと、何が地域のビジネスに関係して求められているかについてナマの情報が手に入ります。館内のイベントをいきなり企画するこ

とのハードルは高いかもしれませんが、関連書籍を集めてコーナー展示など
からスタートして、その機関や団体と連携を始めることはできることでしょ
う。

　もう一つの手法は、司書の方々には定番ですが、レファレンス・カウンター
を訪れる利用者に具体的なニーズを、（あくまで時間の許す限りですが）丁
寧に深堀りして聞いてみることです。ビジネス支援コーナー全体のレファレ
ンス・サービスの際で考えると、レファレンス・カウンターを利用しようと
した人々以外にも、ビジネス支援のコーナーを訪れた利用者全体に、何に関
心を持ってコーナーに足を踏み入れたのか、尋ねてみましょう。そうすると、
どのような課題や疑問を抱えて利用者の方々がいらっしゃっているのか具体
的に分かります。

　その際に必要なのは傾聴の技術です。繰り返しになりますが、ビジネス支
援サービスにおいて対応すべきニーズは多種多様ですので、その時点で用意
している資料群ではうまく対応できない細かなケースや特殊な事例がいきな
り登場するかもしれません。しかし、一般のレファレンス・サービス同様に、
そのレファレンス案件に丁寧に向き合って、利用者が抱える課題や疑問の背
景や、その方にとっての重要性が紐解かれていくことで、どのような情報提
供が必要とされているのかがどんどん明確になっていきます。

　そのような利用者や地域の関係者との濃密なコミュニケーションを通し
て、ビジネス・レファレンスのサービスの質も磨かれていくのだと思います。

第3章
図書館でビジネス支援を行なう前に考えること

公共図書館や小中学校・高校・大学の学校図書館が、既にビジネス支援の
サービスを提供しているとします。しかし、どうも利用客も増えないし（そ
の結果、ニーズに合った資料収集ができているのかの検証、ニーズに応じた
レファレンスができているのかどうかも試され磨かれる機会がないので）、
どうも手応えもないと感じているとします。どうしたら良いでしょうか。少々
荒っぽく、極端な言い方ですが、一度ご破算で考えてみることをお勧めしま
す。もちろん、今既にたくさんの労力をかけて整えたコーナーを全部一旦壊
してしまうということを言っているのではありません。スタートのコンセプ
トから見直してみることが大事だということです。それは実質的に、この章
のタイトルにもある、これからビジネス支援のサービスを提供しようとし始
めている公共図書館や小中学校・高校・大学の学校図書館が考えるべきこと
と原理的に同じです。

　学校図書館ならいざ知らず、公共図書館にはさまざまな利用者が訪れます。
ですから、多種多様なビジネス関係のニーズが図書館の現場に持ち込まれ、
それに対応するのがビジネス支援サービスであろうと誰もが思い込んでいま
す。

　じつは違います。学校図書館でも生徒や学生たちが進路を考えたり、就職
の準備を進める上での疑問や悩みは本当にさまざまです。大人が何度目かの
転職を考えるのでさえ、それなりに悩んだり考えたりすることは多いです。
それゆえ、まだ働いた経験も限られている生徒や学生が社会に身を投じ、こ
れからの長い人生を考えることになる場面において、支援を行なう学校図書
館のビジネス支援サービスはかなり多様であるはずです。

　だから、多種多様な情報をずらりとあれもこれもと揃えておいて、その活
用方法を担当司書がさまざまな切り口から提示できるようにしなければなら
ない——そんな風に大抵のビジネス支援サービスを担当しようとしている司
書の方々はつい考えてしまいがちであるようです。その常識を一旦壊してみ
ましょう。

　つまり、自館のビジネス支援はどんな人々のどんなニーズに対してどんなサービスを提供するのかを最初に決め込んでみるのです。このように言うと、特に公共図書館の司書の方々は、「そんなことができる訳がない。それじゃあ、決め込んだ人々の他の人はどうするのか。無視するのか」とお怒りになるかもしれません。実際、この考え方を聞いて、そのように反応された方はたくさんいます。

　しかし、ビジネス支援サービスのコーナーだけを行なう専門の図書館ではありません。ですから予算も限られていてスペースも限られています。何でもかんでも対応しようとすると、全部が薄くなってしまい、余計に限られた情報提供しかできなくなってしまいます。おまけに、ビジネスに関わるニーズは、比較的急なものが多く、「提携館から資料を取り寄せましょう」というアプローチが採れないこともよくあります。

　さらにビジネスに関わるニーズは、相対的に見ると、ピタリと来る答えを要請される可能性が高いのです。結果がビジネスの成果として金銭で見えるようになる訳ですので、切実度合いが違います。特定条件でもらえる補助金を受けられることになるだけで、オーナー社長一家から始まって、社員全員の家計が救われ、路頭に迷わなくてよくなることだって、それほど珍しいことではありません。そのように考えると、浅く広く何にでも対応できそうな、よく言えば普遍的、悪く言えば平凡な情報の集積はあまり価値を生まないことがお分かりいただけるかと思います。

　非常におかしな喩えに聞こえるかもしれませんが、或る映画が、「コメディの要素もあれば、サスペンスもあって、けれどもファンタジーの要素とアクションが凄くて…」という風だったら、どう思われますか。多分、駄作だと思って見に行かないことでしょう。広く浅く何でもあるのは、どちらかというと何もないことに近い可能性さえあるのです。

さらに、このようにビジネス支援サービスのコーナーの典型的な利用者と
そのニーズを絞り込んでしまっても、他の利用者はあまり困りません。通常
のレファレンスの範囲で対応してしまえば良いだけだからです。

　マーケティングの考え方で、ターゲット・カスタマーというものがありま
す。日本語に無理矢理訳して「標的顧客」ということもあります。ここでは
簡単に Target Customer を略して TC と呼ぶことにします。TC は自社の事
業の典型的なモデルとなるお客様です。大抵は架空のお客様像を設定します。
現実に存在するお客様の誰か一人を基準として選ぶと、そのお客様が年を取
るにつれて価値観が変わったり、転職したり家族構成に変化があったりなど
するたびに、購買の行動が変わったり、変動してしまい不便です。その点、
たとえばアニメのキャラクターのように何年経っても年も取らず、設定も変
わらない状態なら、ずっと自社の事業の基準として考えることができます。

　この場合の「基準にする」というのは、その架空の人物である TC がとて
も欲しがる商品やサービスを用意し、お店は TC が来店するのに便利な場所
に便利な営業時間の設定で営業し、店内の BGM も店内の照明も TC が好ま
しく思い、気持ちよく買い物ができるものにし、価格設定も TC が無理なく
継続して買っても満足度が続くような値ごろ感にする…といった感じで、す
べて TC を中心に決めていくという考え方です。

　先程、TC は年を取らないから何年経っても変化しないと述べましたが、
TC は同じでも、時代背景が変化することで昔設定した TC は存在しなくなっ
てしまうかもしれません。極端なケースですが、江戸時代に創業した会社が
あったとして、TC が今尚、草鞋を履いて着物で来店するなどの設定はあり
得ないでしょう。ですから、時代と共に、TC の A さんだったのを止めて、
今の時代に合っている TC の B さんに（慎重に検討して行なうのはもちろん
です）、変更してしまうこともできます。

　ビジネス支援サービスもこのようにしてまず一人の TC を決めて、その典

型的な困りごとに対応できる資料を揃え、その典型的な困りごとに対応できるイベントを企画すれば良いことになります。もちろん、原理的にはです。さすがに TC 一つ分だけでビジネス支援コーナーを作り上げてしまうのは非現実的です。たとえば、パソコンスキルを磨こうと思っている 30 代の独立したてのフリーランサーだけが嬉しいコーナーを作る…などはどう考えても非現実的でしょう。

　ですから、もうちょっと TC をぼやけた状態にしつつ、複数の TC とそのニーズに並行して対応できるようにすれば良いでしょう。たとえば、「年齢性別に関係なく、独立して小さな会社を始めようとしている人」が TC の 1 番で、「相続の事例を社員には内緒でこっそり調べに来る地域の中小企業経営者」が TC の 2 番。さらに、「子育てと地元企業での仕事の両立をどう実現しようか考えているシングル・ペアレント」が TC の 3 番。と言ったように、最大 5 種類ぐらいを決めれば、おそらく完璧に近い万能なコレクションを形成することができ、ビジネス支援コーナーに寄せられる課題や疑問のうち、7 割以上ぐらいは対応できるのではないかと思えます。

　進路指導の領域を広くカバーする学校図書館のビジネス支援サービスの場合は、もっと TC が少なく、且つ具体的に設定できるかもしれません。たとえば大学図書館で考えてみましょう。「公務員志望だが、試験に失敗したときにすんなり民間就職の道にスライドしたい学生」が TC の 1 番。「地元企業に入って普通に働きたいと思っているが、親からはできるだけ大きい会社に入れと言われて妥協案を探している学生」が TC の 2 番。「派遣会社の募集を見て、派遣会社に登録することで就活を全部やめてしまおうかと考えている学生」が 3 番…と言った感じでも良いでしょう。

　もちろん、TC にピッタリの利用者ばかりが集まる訳ではありません。しかし、「年齢性別に関係なく、独立して小さな会社を始めようとしている人」などはかなり幅広く、微妙に外れている PC インストラクターとしてフリーランスで働こうとしている人に対してでも、多くの資料は流用できることと

思います。このようなことはどんな TC 設定にでも起こることです。つまり、レファレンスの回答の「型」を TC ごとに用意しておき、その他の多種多様なレファレンス内容にも類似点や類似構造の切り口から、元々 TC 用に使いこなせるようにしていた情報活用を応用してしまうことができるのです。

　このような資料構成が現実の公共図書館で行なわれていることもよく見受けられます。たとえば、インターネットで検索すると、「就農」ジャンルのビジネス支援を打ち出して、相談会の開催などまで活発に行なっている公共図書館が見つかりますが、それは多分地元の行政が就農を積極的に推進しているからそのようになっているのでしょう。つまり、TC の一つがその市町村の外部から就農のために移住してくる人なのだろうと思われます。

　また、町工場が集中している地域の図書館に行った際に、工業規格の JIS ハンドブック各種がずらりと並んで棚を埋めているのを見たことがあります。JIS ハンドブックは高価で、規格内容が時代と共に僅かずつ更新されることもあります。そして、日常作業で頻繁に使うものではなく、今まで扱ったことのない製品づくりや、あまり類例のない製品の設計など、必要な場面で参照するだけのものです。それらを地域の公共図書館がずらりと揃えておく価値は非常に大きいことでしょう。多分、この公共図書館の TC の一つは地域の町工場の高い技術を持つ経営者なのだろうと思います。

　このようにまずは TC を考えて、その典型的なニーズを充足する資料を集め、さらに、資料に留まらない付帯サービスを（図書館外部とも協力しつつ）連結させるということが大事であるように考えられます。「誰にでも開かれた公共図書館」は間違いなく図書館運営の鉄則ですが、顧みられることが非常に少ない資料に貴重な予算と貴重なスペースを投じるのは、望ましくありません。利用者に役立つビジネス支援サービスの作り方は、実は日常的な図書館運営活動の中からビジネスに関係する特定ニーズを選び出して、掘り下げて考えることから始まるのです。

ズバリわかる！
図書館利用者に喜ばれる「ビジネス支援サービス」
～働き方から事業経営まで～

2022 年 2 月 28 日発行

発行者	道家佳織
編集・発行	株式会社 DB ジャパン
	〒 151-0053　東京都渋谷区代々木 2-23-1
	ニューステイトメナー 865
電話	03-6304-2431
FAX	03-6369-3686
E-mail	books@db-japan.co.jp
装丁	ＤＢジャパン
電算漢字処理	ＤＢジャパン
印刷・製本	株式会社グラフィック